essentials

essentials liefern aktuelles Wissen in konzentrierter Form. Die Essenz dessen, worauf es als „State-of-the-Art" in der gegenwärtigen Fachdiskussion oder in der Praxis ankommt. *essentials* informieren schnell, unkompliziert und verständlich

- als Einführung in ein aktuelles Thema aus Ihrem Fachgebiet
- als Einstieg in ein für Sie noch unbekanntes Themenfeld
- als Einblick, um zum Thema mitreden zu können

Die Bücher in elektronischer und gedruckter Form bringen das Expertenwissen von Springer-Fachautoren kompakt zur Darstellung. Sie sind besonders für die Nutzung als eBook auf Tablet-PCs, eBook-Readern und Smartphones geeignet. *essentials:* Wissensbausteine aus den Wirtschafts-, Sozial- und Geisteswissenschaften, aus Technik und Naturwissenschaften sowie aus Medizin, Psychologie und Gesundheitsberufen. Von renommierten Autoren aller Springer-Verlagsmarken.

Weitere Bände in der Reihe http://www.springer.com/series/13088

Andreas Richter · Jochen Ruß
Stefan Schelling

Moderne Verhaltensökonomie in der Versicherungswirtschaft

Denkanstöße für ein besseres Verständnis der Kunden

Andreas Richter
LMU München
München, Bayern
Deutschland

Stefan Schelling
Institut für Versicherungswissenschaften
Universität Ulm, Ulm
Baden-Württemberg, Deutschland

Jochen Ruß
Gesellschaft für Finanz- und
Aktuarwissenschaften mbH und
Universität Ulm, Ulm
Baden-Württemberg, Deutschland

ISSN 2197-6708 ISSN 2197-6716 (electronic)
essentials
ISBN 978-3-658-19840-4 ISBN 978-3-658-19841-1 (eBook)
https://doi.org/10.1007/978-3-658-19841-1

Die Deutsche Nationalbibliothek verzeichnet diese Publikation in der Deutschen Nationalbibliografie; detaillierte bibliografische Daten sind im Internet über http://dnb.d-nb.de abrufbar.

Springer Gabler

Gedruckt auf säurefreiem und chlorfrei gebleichtem Papier

Springer Gabler ist Teil von Springer Nature
Die eingetragene Gesellschaft ist Springer Fachmedien Wiesbaden GmbH
Die Anschrift der Gesellschaft ist: Abraham-Lincoln-Str. 46, 65189 Wiesbaden, Germany

Was Sie in diesem *essential* finden können

- Einen leicht verständlichen Überblick über ausgewählte vom Idealbild des „homo oeconomicus" abweichende Verhaltensmuster, die in der Realität häufig anzutreffen sind.
- Eine Erläuterung, warum diese Verhaltensmuster für die Versicherungswirtschaft relevant sind.
- Überlegungen, wie die Erkenntnisse der modernen Verhaltensökonomie dabei helfen können, die Bedürfnisse und Entscheidungsprozesse von (Versicherungs)kunden besser zu verstehen und so die Akzeptanz bedarfsgerechter Versicherungsprodukte zu erhöhen.

Vorwort

Liebe Leserin, lieber Leser,

Sie sind irrational! Wir behaupten das, obwohl wir Sie nicht persönlich kennen. Und wir sind uns sicher, dass wir Recht haben. Aber natürlich nur, wenn man das Verhalten des so genannten „homo oeconomicus" als rational bezeichnet und jede Abweichung hiervon als irrational. Denn es ist inzwischen bekannt, dass sich Menschen selbst bei wichtigen Entscheidungen nicht immer rational (in diesem Sinne) verhalten.

Die moderne Verhaltensökonomie beschäftigt sich daher mit der Frage, wie wir unsere Entscheidungen tatsächlich treffen. Dabei stellt sich heraus, dass die Abweichungen vom Idealbild des homo oeconomicus nicht willkürlich sind, sondern dass vielmehr gewisse „Verhaltensmuster" immer wieder zu beobachten sind. Auch die Art und Weise, wie Informationen präsentiert werden, hat oft einen Einfluss auf Entscheidungen. Die dabei gewonnenen Erkenntnisse sind durchaus praxisrelevant, denn sie können Unternehmen jeder Art helfen, das Verhalten und die Entscheidungen ihrer Kunden besser zu verstehen, vorherzusagen und gegebenenfalls positiv zu beeinflussen.

Der vorliegende Text gibt einen allgemein verständlichen Überblick über ausgewählte Erkenntnisse der modernen Verhaltensökonomie und erläutert insbesondere die Relevanz dieser Erkenntnisse für die Versicherungswirtschaft. Er richtet sich an Entscheidungsträger, Produktentwickler und Produktmanager in Versicherungsunternehmen sowie an Versicherungsvermittler.

Auf den folgenden Seiten erwartet Sie aber keine umfassende Erläuterung der zugrunde liegenden Theorien. Dies würde den Rahmen bei weitem sprengen und die Allgemeinverständlichkeit des Textes verhindern. Auch ist die Auswahl der präsentierten Verhaltensmuster subjektiv und nicht vollständig. Unser Fokus liegt auf Verhaltensmustern, die für die Versicherungsbranche relevant sind. Dies sind nicht notwendigerweise diejenigen, die bei einer systematischen Einführung in die Verhaltensökonomie den größten Raum einnehmen würden oder bei der Entwicklung der Verhaltensökonomie aus der Verhaltenspsychologie die größte Rolle gespielt haben.

Nun wünschen wir Ihnen eine interessante Lektüre und hoffen, dass Sie bestätigen können, dass auch Sie manchmal kein homo oeconomicus sind. Das ist übrigens meist vollkommen in Ordnung, kann aber in manchen Fällen zu schlechten Entscheidungen führen, die später bereut werden. Vielleicht können Sie sich und Ihre Kunden nach Lektüre dieses Textes vor der einen oder anderen Fehlentscheidung bewahren.

München und Ulm
im Juli 2017

Andreas Richter
Jochen Ruß
Stefan Schelling

Inhaltsverzeichnis

1 Der Abschied vom homo oeconomicus 1

2 Ausgewählte kognitive Verzerrungen und Heuristiken und ihr Bezug zur Versicherung 5
- 2.1 Gerechtigkeitsempfinden 5
- 2.2 Framing 6
- 2.3 Anker-Effekt (Anchoring) 8
- 2.4 Default-Effekt 9
- 2.5 Referenzpunkte 10
- 2.6 Mentale Buchführung 11
- 2.7 Verlustaversion und Besitztumseffekt 13
- 2.8 Subjektive Risikowahrnehmung 15
- 2.9 Bedeutung von Emotionen 17
- 2.10 Sicherheitseffekt (Certainty Effect) 18
- 2.11 Übersteigertes Selbstvertrauen 19
- 2.12 Gegenwartspräferenz 21

3 Ein zweiter Blick auf die Risikoaversion 23

4 Populäre deskriptive Modelle und damit erzielte Resultate 27

5 Zusammenfassung und Ausblick 33

Literatur 39

Der Abschied vom homo oeconomicus

1

Traditionell ging man in den Wirtschaftswissenschaften davon aus, dass Menschen ihre Entscheidungen stets ausschließlich nach rationalen Kriterien treffen. Der sogenannte homo oeconomicus ist ein Nutzenmaximierer. Die Konsequenzen wirtschaftlicher Entscheidungen werden ausschließlich nach ihrem Nutzen für den Entscheider bewertet, unabhängig vom situativen Kontext oder Emotionen und ohne Fehler bei der Informationsverarbeitung. Ein Grundprinzip ist dabei: „Ein Euro mehr ist immer besser als ein Euro weniger". Die Nutzenfunktion, welche ausdrückt, welchen Nutzen ein gewisser Geldbetrag bewirkt, ist also steigend. Üblicherweise nimmt man darüber hinaus an, dass der Zusatznutzen, der daraus resultiert, dass man beispielsweise 100 EUR zu seinem existierenden Vermögen dazubekommt, mit wachsendem Vermögen abnimmt (abnehmender Grenznutzen). Wer also nur 1000 EUR besitzt, freut sich über 100 EUR mehr als jemand, der eine Million Euro besitzt. Die Steigung der Nutzenfunktion nimmt also mit zunehmendem Vermögen ab. Eine Nutzenfunktion sieht somit immer so ähnlich aus wie die Kurve in Abb. 1.1.

Bei Entscheidungen unter Unsicherheit wird unterstellt, dass ein homo oeconomicus immer die Entscheidung trifft, die im Erwartungswert den höchsten Nutzen aufweist. Die abnehmende Steigung der Nutzenfunktion ist in diesem Zusammenhang gleichbedeutend damit, dass Menschen risikoscheues Verhalten (Risikoaversion) unterstellt wird. Dies wird auch empirisch gestützt. Ein nicht risikoscheu handelnder homo oeconomicus würde sich zum Beispiel nicht versichern. Ein risikoscheuer Entscheider zieht einen sicheren Betrag einer Lotterie mit demselben Erwartungswert vor.

Abb. 1.1 veranschaulicht auch das Konzept der Risikoaversion: Der Nutzen von 1000 EUR (A) ist höher als der erwartete Nutzen einer Lotterie, die mit 50 % Wahrscheinlichkeit 500 EUR (B) und mit 50 % Wahrscheinlichkeit 1500 EUR (C) ausbezahlt, obwohl der erwartete Geldbetrag bei beiden Varianten derselbe

A. Richter et al., *Moderne Verhaltensökonomie in der Versicherungswirtschaft*, essentials, https://doi.org/10.1007/978-3-658-19841-1_1

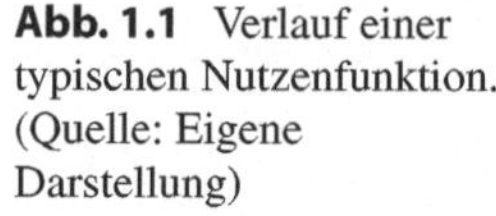

Abb. 1.1 Verlauf einer typischen Nutzenfunktion. (Quelle: Eigene Darstellung)

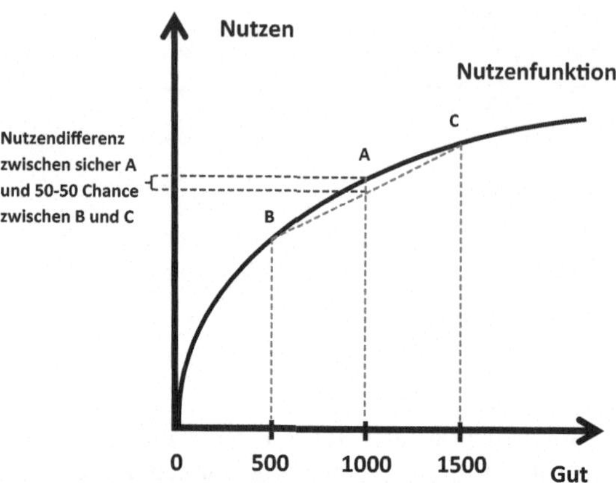

ist. Die Erwartungsnutzentheorie lässt zu, dass der Grad der Risikoaversion mit dem Vermögen variiert und bei verschiedenen Menschen unterschiedlich stark ausgeprägt ist. Dies lässt sich durch unterschiedliche konkrete Nutzenfunktionen berücksichtigen.

In jüngerer Vergangenheit ist der Fokus in den Wirtschaftswissenschaften nun immer stärker darauf gerichtet worden, dass Menschen oft Verhaltensmuster aufweisen, die mit der Vorstellung des homo oeconomicus nicht vereinbar sind. Diverse sogenannte kognitive Verzerrungen (Biases) können massiven Einfluss auf menschliche Entscheidungen haben. Individuelle Informationsverarbeitungskapazitäten sind begrenzt, sodass häufig Abkürzungen, sogenannte Heuristiken, verwendet werden. Entscheidungen werden zudem sehr stark durch den Kontext bestimmt, in welchem Informationen dem Entscheidungsträger präsentiert werden. Auch Emotionen können eine große Rolle spielen, und oft ist nicht nur der eigene Nutzen relevant.

Die Verhaltensökonomie versucht, die tatsächlich beobachteten Verhaltensmuster von Menschen zu identifizieren, zu beschreiben und zu verstehen.[1] Während die klassische Theorie des Nutzenmaximierers also eine normative Theorie ist, die vorgibt, wie sich Menschen rationalerweise verhalten sollten, ist die Verhaltensökonomie eher deskriptiv. Sie versucht zu beschreiben, zu verstehen und vorherzusagen, wie sich Menschen tatsächlich verhalten.

[1]Dieser Ansatz wird unter dem Oberbegriff „Behavioral Insurance" zunehmend auch in der Versicherungsökonomie verwendet. Hier sind zahlreiche Studien auf der Basis von Laborexperimenten zu nennen (für einen Überblick vgl. zum Beispiel Jaspersen 2015), aber zunehmend auch Studien auf der Basis von Realdaten wie zum Beispiel Sydnor (2010); Barseghyan et al. (2013); Browne et al. (2015).

Im weiteren Verlauf stellen wir zunächst in Kap. 2 eine (subjektive) Auswahl von in der Realität beobachteten Verhaltensmustern vor und gehen darauf ein, an welchen Stellen diese für die Versicherungswirtschaft relevant sind, um die Kunden besser zu verstehen und Kundenverhalten besser vorhersagen zu können.

Anschließend betrachten wir in Kap. 3 die oben bereits angesprochene Risikobereitschaft und die in der Erwartungsnutzentheorie üblicherweise unterstellte Risikoaversion noch einmal etwas genauer. Dabei werden wir vor allem darauf eingehen, dass Menschen sich nicht immer risikoavers verhalten und dementsprechend in vielen Fällen eine differenzierte Betrachtungsweise notwendig ist.

In Kap. 4 konzentrieren wir uns dann auf die Darstellung deskriptiver Modelle, die in der Lage sind, den subjektiven Nutzen unter Berücksichtigung verschiedener Verhaltensmuster zu beschreiben. Insbesondere betrachten wir die Prospect Theory, die wohl populärste verhaltensökonomische Alternative zur Erwartungsnutzentheorie, sowie auf ihr basierende Erweiterungen.

Abschließend geben wir eine kurze Zusammenfassung und einen Ausblick auf weitere Anwendungen, offene Fragen und zukünftige Forschungsthemen.

Ausgewählte kognitive Verzerrungen und Heuristiken und ihr Bezug zur Versicherung

2

2.1 Gerechtigkeitsempfinden

Experimente zeigen, dass Menschen von rationalem Verhalten abweichen, wenn sie dadurch eine gefühlte Ungerechtigkeit bestrafen oder vermeiden können. Das wohl bekannteste derartige Experiment ist das sogenannte Ultimatumspiel (vgl. Güth et al. 1982). Hier bekommt zunächst ein Spieler – nennen wir ihn A – einen Geldbetrag, beispielsweise 100 EUR geschenkt. Diesen Betrag muss er dann mit einem zweiten Spieler (B) teilen. Es ist A hierbei freigestellt, wie viel Geld er an B weitergibt. Er kann also B nur einen Euro oder 50 EUR oder die gesamten 100 EUR oder auch jeden anderen Betrag geben. Nachdem B nun diesen Betrag erhalten hat, kann er den Betrag entweder behalten (dann darf auch A seinen Teil behalten) oder das Geschenk ablehnen (dann muss auch A sein Geld wieder zurückgeben).

Wäre B ein homo oeconomicus, so würde er den erhaltenen Betrag immer behalten. Denn selbst wenn er nur einen Euro bekommt, stellt er sich immer noch besser, als wenn er das Geschenk ablehnt. Wären A und B beide komplett rational, so würde A dieses Verhalten antizipieren und tatsächlich auch nur den geringstmöglichen Betrag an B geben.

In Experimenten beobachtet man hingegen, dass A typischerweise zwischen 40 und 50 % der Summe an B abgibt und dass Beträge unter 30 % von B in der Regel abgelehnt werden. Diese Ergebnisse sind weitgehend stabil über Kulturkreise und auch hinsichtlich der Frage, ob sich A und B kennen oder nicht. Dies wird oft als universelle menschliche Tendenz zu fairem und bestrafendem Verhalten interpretiert (Nowak et al. 2000).

A. Richter et al., *Moderne Verhaltensökonomie in der Versicherungswirtschaft*, essentials, https://doi.org/10.1007/978-3-658-19841-1_2

Relevanz für die Versicherungswirtschaft

Das oben beschriebene Beispiel lässt vermuten, dass Menschen auch eine Vielzahl von Versicherungskonzepten als „gerecht" empfinden müssten, wenn ihnen diese entsprechend präsentiert und erklärt werden. Denn der Grundgedanke einer Versicherung ist der Ausgleich von Risiko im Kollektiv. Alle Mitglieder dieses Kollektivs zahlen einen vergleichsweise geringen Geldbetrag, um im Gegenzug im Fall eines Schades nicht allein eventuell sehr hohe Kosten tragen zu müssen. Dieses Prinzip findet sich auch bei traditionellen Lebens- und Rentenversicherungen wieder, die solche Risikoausgleichmechanismen im Kollektiv und in der Zeit auch bezüglich der Kapitalerträge verwenden. Dies sorgt für stabilere Erträge für alle Versicherungsnehmer. Wenn also Menschen nicht nur der eigene Nutzen, sondern auch „Gleichheit" zwischen verschiedenen Mitgliedern des Kollektivs wichtig ist, sollten traditionelle Lebensversicherungen als besonders attraktiv wahrgenommen werden. Hierzu ist es allerdings wichtig, dass potenziellen Versicherungsnehmern bereits bei der Produktpräsentation vermittelt wird, dass sie Teil eines Kollektivs werden, welches individuelle Risiken auf viele Schultern verteilt.

2.2 Framing

Der Begriff Framing beschreibt, dass Menschen bei Entscheidungen auch stark von der Art und Weise, wie Auswahlmöglichkeiten präsentiert bzw. formuliert werden, beeinflusst werden. Die Ursachen und Möglichkeiten, weshalb und wie diese Effekte auftreten, sind vielfältig, wobei die Systematisierung und Abgrenzung zu verwandten Einflüssen nicht immer problemlos möglich ist. So lassen sich viele der im Folgenden separat angesprochenen Effekte (insbesondere Anchoring, Referenzpunkte, Default-Optionen und mentale Buchführung) alternativ auch als spezielle Formen von Framing verstehen.

Um die starke Wirkung von Framing-Effekten zu verstehen, eignet sich ein bekanntes Experiment von Kahneman und Tversky besonders gut (vgl. Kahneman und Tversky 1984). Hierfür stelle man sich den Ausbruch einer ungewöhnlichen tödlichen Krankheit vor, an welcher sich 600 Menschen infiziert haben. Zur Bekämpfung werden zwei verschiedene Behandlungsmethoden vorgeschlagen. Behandlungsmethode A rettet sicher 200 Patienten das Leben. Unter Anwendung von Behandlungsmethode B werden mit einer Wahrscheinlichkeit von 33 % alle 600 Patienten geheilt; mit einer Wahrscheinlichkeit von 66 % wird allerdings kein Patient geheilt. Für welche Behandlungsmethode würden Sie sich entschieden?

Die Behandlungsmethoden können aber auch anders erläutert werden: Bei Einsatz von Behandlungsmethode A sterben 400 Menschen. Unter Anwendung von Behandlungsmethode B wird dagegen mit einer Wahrscheinlichkeit von 33 % kein Patient sterben; mit einer Wahrscheinlichkeit von 66 % werden allerdings alle Patienten sterben. Wie würden Sie diesmal entscheiden?

In beiden Beschreibungen wird exakt der gleiche Sachverhalt beschrieben, allerdings einmal positiv (wie viele Patienten werden geheilt) und einmal negativ (wie viele Patienten sterben) formuliert. In der positiven Beschreibung hat man also die Wahl zwischen der sicheren Rettung von 200 Leben oder einer Lotterie, bei der man entweder alle Leben oder gar kein Leben retten kann (ausgehend vom Referenzpunkt, dass alle sterben). In der negativen Beschreibung hat man hingegen die Wahl zwischen einem sicheren „Verlust" von 400 Leben oder einer Lotterie, bei der man entweder alle Leben oder gar kein Leben „verliert" (ausgehend vom Referenzpunkt, dass alle überleben). Es zeigt sich, dass sich im Falle der positiven Beschreibung eine große Mehrzahl der Befragten für die Behandlungsmethode A entscheidet, während sich im Falle einer negativen Beschreibung die Mehrheit für Behandlungsmethode B entscheidet. Die Ursache liegt darin, dass Menschen sich bei der Wahl zwischen positiven Ergebnissen (Gewinnen) tendenziell risikoavers verhalten und daher die sichere Option bevorzugen. Bei der Wahl zwischen negativen Ergebnissen (Verlusten) verhalten sich Menschen dagegen eher risikofreudig und bevorzugen die unsichere Option. Dies ist nur eines von vielen Beispielen, das verdeutlicht, wie Entscheidungen von Menschen basierend auf inhaltlich identischen Informationen stark davon abhängen, auf welche Art und Weise diese Informationen präsentiert werden.

Relevanz für die Versicherungswirtschaft

Das Thema Framing ist natürlich insbesondere im Hinblick auf die Frage interessant, wie Versicherungsprodukte zum Beispiel in Beratungsgesprächen oder Produktinformationsbroschüren präsentiert werden. Ein Beispiel hierfür findet sich in der Beschreibung von Altersvorsorgeprodukten. Hier zeigt sich zum Beispiel, dass im Rahmen eines Rentenversicherungsprodukts eine Verrentungsoption eher gewählt wird, wenn betont wird, dass diese die Konsummöglichkeiten im Alter absichert (Consumption Frame), als wenn sie als eine Investition präsentiert wird, deren Ertrag von der Lebenserwartung abhängt (Investment Frame) (vgl. Brown et al. 2008). Auch lässt sich nachweisen, dass eine größere Bereitschaft besteht, Anlagerisiken einzugehen, wenn die möglichen Auszahlungsbeträge in Euro angegeben werden. Werden dagegen relative Werte in Form von zum Beispiel Effektivrenditen angegeben, sinkt die Risikobereitschaft (vgl. Glenzer et al. 2014). Darüber hinaus können Framing-Effekte auch bereits bei der Produktgestaltung bedacht werden. So zeigt sich beispielsweise, dass Versicherungen mit einer höheren Prämie in Verbindung mit einem möglichen Rabatt, falls kein Schaden eintritt, eine deutlich höhere Akzeptanz erzielen als Selbstbehalte im Schadensfall. Dies gilt selbst dann, wenn die beiden Produkte ökonomisch absolut identisch sind und sich nur in der Art der Erläuterung unterscheiden (vgl. Johnson et al. 1993).

2.3 Anker-Effekt (Anchoring)

Als Anker-Effekt bezeichnet man das Phänomen, dass die Einschätzungen und Entscheidungen von Menschen von Ausgangs- oder Startwerten abhängen, wobei diese auch völlig willkürlich und irrelevant für die Entscheidung sein können. Man lässt sich also von Zahlen, die man „im Hinterkopf" hat, beeinflussen, selbst wenn diese Zahlen für die aktuelle Fragestellung eigentlich keine Rolle spielen. Dies geschieht bisweilen sogar dann, wenn man weiß, dass die Informationen irrelevant sind.

In einem berühmten Experiment wurden Menschen zuerst gebeten, die letzten zwei Ziffern ihrer Sozialversicherungsnummer anzugeben, und anschließend nach ihrer Zahlungsbereitschaft für bestimmte Produkte gefragt. Es zeigte sich ein signifikanter Zusammenhang zwischen der Zahlungsbereitschaft und der Höhe der Zahl, die sich aus den beiden Ziffern ergab (vgl. Ariely et al. 2003).

Zahlreiche ähnliche Experimente belegen eindrucksvoll, wie eigentlich irrelevante Zahlen, die man im Hinterkopf hat, die Entscheidungen von Menschen unbewusst beeinflussen.

Relevanz für die Versicherungswirtschaft
Sollen Menschen die eigene Lebenserwartung einschätzen, spricht vieles dafür, dass sie die Lebensdauer von Menschen aus der Generation der eigenen Eltern und Großeltern als einen Anhaltspunkt verwenden. Da die Lebenserwartung aber jedes Jahrzehnt um etwa 2,5 Jahre steigt (vgl. Oeppen und Vaupel 2002) und eine Generation rund 30 Jahre ausmacht, leben die Menschen im Schnitt pro Generation etwa 7,5 Jahre länger. Die eigene Lebenserwartung ist also um rund 7,5 Jahre höher als die Lebenserwartung der Generation der Eltern und um rund 15 Jahre höher als die der Generation der Großeltern. Wenn aber die eigene Lebenserwartung so massiv unterschätzt wird, ergibt sich daraus unmittelbar, dass auch der Mittelbedarf für das Alter und somit der Bedarf an Altersvorsorge unterschätzt werden. Dies führt zu suboptimalen Entscheidungen in der finanziellen Ruhestandsplanung.

2.4 Default-Effekt

Anchoring ist auch die Heuristik, die hinter der Wirksamkeit vorausgefüllter Formulare bzw. dem Default-Effekt steht. Menschen sehen sich in vielen Situationen zunehmend einer Informationsüberflutung und einer Vielzahl möglicher Optionen ausgesetzt. Alle Informationen zu verarbeiten und die Optionen entsprechend zu prüfen, ist nahezu unmöglich, weshalb in diesen Situationen eine Tendenz besteht, den aktuellen Zustand beizubehalten. Vorgegebene Optionen, die ohne eine aktive Entscheidung ausgewählt werden, solange nicht explizit dagegen entschieden wird, werden bevorzugt. Ein viel diskutiertes Beispiel (vgl. Johnson und Goldstein 2003) hierfür findet sich im Bereich der Organspende und den Auswirkungen von Default-Optionen auf die Anzahl der registrierten Spender. Es zeigt sich, dass in Ländern, in welchen jeder Bürger per Default-Option als Spender registriert ist (zum Beispiel Österreich), solange er nicht ausdrücklich widerspricht (opting out), ein viel höherer Anteil der Bürger als Spender registriert ist als in Ländern, in welchen eine explizite Zustimmung zur Organspende getätigt werden muss (opting in; zum Beispiel Deutschland).

Relevanz für die Versicherungswirtschaft
Ein ähnlicher Effekt lässt sich auch in der Altersvorsorge beobachten. Neben der großen Vielzahl an Möglichkeiten, für das Alter vorzusorgen, führt hier auch die sogenannte Gegenwartspräferenz (auf welche wir später noch eingehen) dazu, dass Menschen oftmals zu spät beginnen, für das Alter vorzusorgen. Der gezielte Einsatz von Standardoptionen kann diesem Problem entgegenwirken und damit die Gefahr von Altersarmut reduzieren. Solche Standardoptionen werden beispielsweise bereits seit 2008 in den USA eingesetzt. Hier werden Arbeitnehmer standardmäßig für steuerbegünstigte Altersvorsorgepläne (401(k)) registriert, in deren Rahmen sie und der Arbeitgeber einen Teil des Einkommens in einen Fondssparplan abführen. Nur wenn sie explizit widersprechen, findet keine automatische Registrierung statt. Die Einführung dieser Standardoption (vgl. Choi et al. 2004) führte dazu, dass inzwischen ein deutlich größerer Teil der Arbeitnehmer in einem Altersvorsorgeplan registriert ist. Hervorzuheben ist auch, dass insbesondere viele junge Arbeitnehmer im Niedriglohnsektor, die besonders von späterer Altersarmut bedroht sind, teilnehmen.

Wie attraktiv Standardoptionen sind, zeigt auch das Beispiel der Einführung einer Pflicht zu zusätzlicher kapitalgedeckter Altersvorsorge in Schweden (vgl. Cronqvist und Thaler 2004). Dort stand eine große Anzahl von Wahlmöglichkeiten bezüglich der Kapitalanlage zur Verfügung (die Bürger konnten aus 456 unterschiedlichen Fonds auswählen). Selbst zu Beginn, als die Regierung mit umfangreichen Marketingmaßnahmen die Menschen ermunterte, ein individuelles Portfolio zusammenzustellen, taten dies nur 66,9 %. Die Standardoption war mit 33,1 % mit Abstand der beliebteste Fonds. Als das aufwendige Marketing im Laufe der Zeit reduziert wurde, ging der Anteil individueller Portfolien massiv zurück (und lag schon drei Jahre später bei Neuabschlüssen unter zehn Prozent).

Diese Beispiele zeigen, dass der gezielte Einsatz von Standardoptionen ein sehr wirkungsvolles Instrument darstellen kann, die Verbreitung bestimmter Deckungen zu erhöhen. Denkbar sind derartige Lösungen in sehr unterschiedlichen Bereichen, insbesondere dort, wo drastische Eingriffe wie eine Pflichtversicherung diskutiert werden, wie etwa im Zusammenhang mit der Elementarschadenzusatzdeckung. Auch im Bereich der betrieblichen Altersversorgung (bAV) werden in Deutschland immer wieder unterschiedliche Formen des opting out diskutiert.

2.5 Referenzpunkte

Die Verwendung bestimmter Formulierungen oder Wörter – wie „gewinnen", „behalten" oder „verlieren" – im Rahmen der Beschreibung von Entscheidungsmöglichkeiten hat einen Einfluss darauf, wie sich Menschen tatsächlich entscheiden. Solche Begriffe ergeben allerdings nur Sinn, wenn sie zu einem Ausgangswert in Bezug gesetzt werden. Diese Bezugsgröße wird üblicherweise als Referenzpunkt bezeichnet und zum Beispiel durch den aktuellen Zustand, etwa das aktuelle Vermögen, beschrieben. Referenzpunkte können aber auch scheinbar willkürlich durch Formulierungen entstehen, wie im Beispiel mit den beiden Behandlungsmethoden in Abschn. 2.2. Dort wird durch die Verwendung der Begriffe „Patienten werden geheilt" bzw. „Patienten sterben" erst ein Zustand als Referenzwert geschaffen. Ein weiteres Beispiel findet sich zum Thema Kinderfreibeträge (vgl. Schelling 1984) und der Frage, ob der Kinderfreibetrag für Reiche größer sein sollte als für Arme. Die Formulierung setzt hier implizit kinderlose Haushalte als Referenzpunkt. Ein höherer Kinderfreibetrag für Reiche scheint hier dem Gerechtigkeitssinn zu widersprechen. Verwendet man aber einen Haushalt mit zwei Kindern als Referenzpunkt und stellt die entsprechende Frage, ob kinderlose Arme einen gleich großen Aufschlag zahlen sollten wie kinderlose Reiche, so widerspricht dies ebenfalls dem Gerechtigkeitssinn. Diese beiden Intuitionen stehen aber im Widerspruch zueinander, da das Verneinen der ersten Frage zwingend ein Bejahen der zweiten Frage (und umgekehrt) zur Folge haben müsste. Dieses Beispiel zeigt nicht nur, wie wichtig der Referenzpunkt ist, sondern auch, wie willkürlich (oder gar unbeabsichtigt) er in manchen Situationen festgelegt wird.

Relevanz für die Versicherungswirtschaft
Da Entscheidungen stets in Bezug zu Referenzpunkten getroffen werden, sind diese natürlich auch bei der Auswahl von Versicherungsprodukten mitentscheidend. Beispielsweise tendieren Menschen bei der Auswahl ihrer Altersvorsorgeprodukte dazu, sichere Optionen mit hohen Garantien (zum Beispiel eine Beitragsgarantie am Laufzeitende) zu wählen. Das aktuelle Vermögen stellt einen Referenzpunkt dar. Dieser Betrag soll auch in Zukunft erhalten bleiben.

Da der Referenzpunkt oftmals aber nicht fest ist, sondern sich mit der Zeit zum Beispiel dem aktuellen Vermögen anpasst, tendieren Menschen zudem dazu, auch spätere Gewinne „behalten" zu wollen, weshalb Garantieformen besonders beliebt sind, die auch zukünftige Zuwächse absichern. Diese Beobachtungen stehen auch in enger Verbindung zur Verlustaversion und dem sogenannten Besitztumseffekt, worauf wir später genauer eingehen. An dieser Stelle kommen wir dann auch auf die Nachfrage nach Garantien zurück.

2.6 Mentale Buchführung

Ein interessantes Beispiel für mentale Buchführung ist das Folgende (vgl. Kahneman und Tversky 1984): Stellen Sie sich zunächst vor, Sie haben sich teure Konzerttickets für 200 EUR gekauft. Auf dem Weg zum Konzert stellen Sie jedoch fest, dass Sie die Tickets verloren haben. Würden Sie in diesem Fall, an der Abendkasse, nochmals 200 EUR für neue Tickets ausgeben?

Nehmen Sie nun an, Sie haben sich die 200 EUR teuren Konzerttickets an der Abendkasse unverbindlich reserviert. Auf dem Weg zum Konzert stellen Sie fest, dass Sie die 200 EUR, die Sie zuvor am Geldautomaten abgehoben haben, verloren haben. Würden Sie trotzdem an die Abendkasse gehen, und die Karten stattdessen per Kreditkarte bezahlen?

Experimente zeigen, dass erstaunlich viele Menschen zu der ersten Frage „nein" sagen, aber dennoch zu der zweiten Frage „ja". Dies liegt daran, dass in beiden Fällen unterschiedliche mentale Konten belastet werden. Im ersten Fall gehen die zusätzlichen 200 EUR zulasten des „Konzertticket-Kontos", das heißt, man gibt 400 EUR statt 200 EUR für die Tickets aus. Im zweiten Fall kosten die Tickets – wie geplant – 200 EUR, und durch Pech hat man weitere 200 EUR verloren, die aber einem anderen Konto zugeordnet wurden. Dieses Beispiel verdeutlicht, wie Menschen dazu neigen, ihr Leben mit Hilfe von mentalen Konten zu organisieren und wie ihre Entscheidungen dadurch beeinflusst werden.

Relevanz für die Versicherungswirtschaft

Auch Versicherungen werden in mentalen Konten getrennt voneinander betrachtet. So werden zum Beispiel verschiedene Versicherungstypen wie die Pkw-Versicherung und die Haftpflichtversicherung getrennt voneinander geführt und bewertet. Doch auch nicht jede Versicherung wird einem „mentalen Versicherungskonto" zugeordnet. So werden beispielsweise Altersvorsorgeprodukte in der Ansparphase tendenziell einem reinen Anlagekonto zugeordnet und dementsprechend auch bewertet.

Auch bei der Entscheidung über die Auszahlungsform lässt sich Ähnliches beobachten (vgl. Brown et al. 2008). Wenn Kunden am Ende der Ansparphase die Möglichkeit haben, zwischen der Auszahlung des gesamten angesparten Guthabens und einer Verrentung, die ihnen eine lebenslange monatliche Rente garantiert, zu entscheiden, dann wählen sehr viele die einmalige Auszahlung. Dieser empirische Befund, der im Widerspruch zu einem viel zitierten klassischen Theorie-Ergebnis steht (nämlich dass in den meisten Fällen eine Verrentung optimal wäre), wird als das Rentenrätsel (Annuity Puzzle) bezeichnet (vgl. Yaari 1965 sowie unter vielen anderen auch Benartzi et al. 2011). Neben vielen anderen Erklärungen, die die Literatur inzwischen anbietet,[1] wie zum Beispiel die Gegenwartspräferenz, auf welche wir später noch eingehen werden, lässt sich als ein Argument anführen, dass Verrentungsmöglichkeiten nicht als Absicherung gegen Altersarmut angesehen werden, sondern als Wette auf ein langes Leben. Dadurch befindet sich diese Möglichkeit in einem mentalen Konto „Wette", wodurch sie auch als solche bewertet wird. Die bereits angesprochene Risikoaversion führt daher tendenziell nicht zu einer Absicherung des Langlebigkeitsrisikos, sondern zu einer Bevorzugung der sicheren Auszahlung gegenüber einer vermeintlich unsicheren, die nur im Falle eines langen Lebens vorteilhaft erscheint.

[1] So kann in dieser Diskussion zum Beispiel auf Anchoring in Form des Unterschätzens der Lebenserwartung, auf die oben angesprochene Frage des Investment versus Consumption Frames sowie auf die Wahl der Standard-Lösung verwiesen werden.

2.7 Verlustaversion und Besitztumseffekt

Verlustaversion bedeutet vereinfacht gesagt, dass der Ärger über einen Verlust größer ist als die Freude über einen Gewinn in der gleichen Höhe. Dies kann man an einem einfachen Beispiel erläutern: Wenn jemand 100 EUR geschenkt bekommt und diese dann wieder verliert, dann hat er zwar genau so viel Geld wie vor dem Geschenk, er ist aber unglücklicher als am Anfang.

Bekommt jemand 100 EUR geschenkt, so steigt sein Vermögen um eben diese 100 EUR. Das neue, gestiegene Vermögen ist dann der neue Referenzpunkt. Verliert man nun 100 EUR, so hat man ausgehend von dem neuen (durch das Geschenk um 100 EUR erhöhten) Referenzpunkt einen Verlust erlitten, der schmerzt, und zwar in einem Ausmaß, das die Freude über die zuvor gewonnenen 100 EUR übersteigt.

Um die Intensität dieses Effekts zu messen, sind relativ komplexe Experimente erforderlich, bei denen Menschen sich zwischen Lotterien mit verschiedenen möglichen Höhen und Wahrscheinlichkeiten für Gewinne und Verluste entscheiden müssen. Man beobachtet hierbei, dass Verluste in der Regel circa mit einem Faktor 2 höher als Gewinne gewichtet werden (vgl. zum Beispiel Tversky und Kahneman 1992).

Eng verwandt mit der Verlustaversion ist der Besitztumseffekt („Endowment Effect"). Dieser beschreibt den Effekt, dass Menschen dazu tendieren, Gegenständen, die sich in ihrem Besitz befinden, einen höheren Wert zuzuweisen. Eines der bekanntesten Experimente hierzu wurde von Kahneman, Knetsch und Thaler (vgl. Kahneman et al. 1990) durchgeführt und dreht sich um den Wert einer beliebigen Tasse. Zuerst bildeten sie zwei Gruppen von Personen: Personen der ersten Gruppe erhielten die Tasse und wurden gefragt, für welchen Preis zwischen 0,25 US$ und 9,25 US$ sie die Tasse wieder verkaufen würden. Personen der zweiten Gruppe wurde die Tasse nicht gegeben sondern nur angeboten mit der Frage, welchen Preis zwischen 0,25 US$ und 9,25 US$ sie bereit wären für die Tasse zu bezahlen. Während die Personen der ersten Gruppe im Durchschnitt 7,12 US$ für die Tasse verlangten, boten die Personen der zweiten Gruppe gerade einmal 2,87 US$ im Durchschnitt. Dies zeigt beeindruckend, dass wir Gegenstände tendenziell höher bewerten, wenn diese sich bereits in unserem Besitz befinden. Bemerkenswert ist dabei, dass dies auch auf belanglose Gegenstände (wie eine beliebige Tasse) zutrifft und selbst dann, wenn wir den Gegenstand erst kurz zuvor erhalten haben und somit vermutlich noch keine emotionale Bindung zu ihm bestehen kann. Doch unterscheiden sich die beiden Gruppen des Experimentes darin, dass Personen der zweiten Gruppe im Gegensatz zu Personen der ersten Gruppe ihr eigenes Geld einsetzen mussten. Noch bemerkenswerter wird das Ergebnis des Experiments daher durch das Einbeziehen einer dritten

Vergleichsgruppe: Personen dieser Gruppe konnten zwischen der Tasse und einem Geldbetrag wählen, das heißt, sie standen genau vor der gleichen Wahl wie Personen der ersten Gruppe. Sie erhielten entweder die Tasse oder einen Geldbetrag. Der einzige Unterschied lag darin, dass Personen der ersten Gruppe die Tasse bereits gegeben wurde, bevor sie den Geldbetrag festlegen sollten. Das Ergebnis: Auch die Personen der dritten Gruppe gaben der Tasse im Durchschnitt einen deutlich niedrigeren Wert (3,12 US$) als Personen der ersten Gruppe (7,12 US$). Weitere Untersuchungen zeigen, dass dieser Effekt des Besitztums auf den subjektiven Wert weitverbreitet ist und sich im Hinblick auf eine Vielzahl von Gegenständen beobachten lässt (vgl. zum Beispiel Thaler 1980 oder auch Kahneman 2011).

Relevanz für die Versicherungswirtschaft

Da der Zweck von Versicherungen darin besteht, mögliche Verluste zu begrenzen, spielt die Verlustaversion eine wichtige Rolle bei der Entscheidung für eine bestimmte Versicherung und den Preis, den man bereit ist, für diese zu zahlen. Der Besitztumseffekt verstärkt diesen Effekt noch und führt beispielsweise dazu, dass Menschen oft Vollkaskoversicherungen für alte Autos abschließen. Denn zum einen wird der Wert des eigenen Autos überschätzt und zum anderen werden kleine Schäden überbewertet. Anstatt mögliche kleine Schäden selbst zu tragen, werden daher lieber deutlich höhere Versicherungsprämien gezahlt. Ähnliches lässt sich auch im Bereich spezieller Elektronikversicherungen, wie für Smartphones oder Fernseher, beobachten.

In der Altersvorsorge spielt die Verlustaversion eine besonders große Rolle. Sie bietet eine Erklärung für die Beliebtheit von Produkten, die zum Ende der Ansparphase wenigstens die einbezahlten Beiträge garantieren. Für Kunden stellen die einbezahlten Beiträge oft den relevanten Referenzpunkt dar, das heißt, alle Auszahlungen unter diesem Wert werden als Verlust gewertet und wirken sich dementsprechend sehr stark negativ auf die Attraktivität des Produktes aus. Da Altersvorsorgeprodukte üblicherweise eine sehr lange Laufzeit aufweisen, ist neben der Gesamtbeitragssumme auch laufend der aktuelle Vertragswert im Blickpunkt des Kunden, zum Beispiel bei der jährlichen Wertmitteilung. Da Referenzpunkte nicht fest sind, sondern sich tendenziell dem aktuellen Guthaben anpassen, wirken sich auch Verluste von einer zur nächsten Wertmitteilung negativ auf die Wahrnehmung des Produktes aus. Die Folge ist, dass zur Altersvorsorge insbesondere Produkte mit jährlichen Garantien, die also Verluste von einer Wertmitteilung zu nächsten möglichst ausschließen, besonders beliebt sind, obwohl diese Garantien das Renditepotenzial (unter Umständen stark) reduzieren.

2.8 Subjektive Risikowahrnehmung

In vielen Situationen sind Menschen sehr schlecht darin, Wahrscheinlichkeiten richtig einzuschätzen. Dies gilt nicht nur, aber insbesondere bei Ereignissen, die selten oder nur schwer beobachtbar sind. Einerseits scheinen Ereignisse mit extrem geringer Wahrscheinlichkeit (unter einem individuellen Schwellenwert) völlig ignoriert zu werden (vgl. zum Beispiel Slovic et al. 1977). Andererseits werden dann aber tendenziell kleine Wahrscheinlichkeiten überschätzt und große Wahrscheinlichkeiten unterschätzt (vgl. zum Beispiel Lichtenstein et al. 1978). Grundsätzlich kann man wohl davon ausgehen, dass in vielen Fällen die Kosten der Bestimmung exakter Wahrscheinlichkeiten als prohibitiv hoch angenommen werden, sodass gerade im Bereich der Risikowahrnehmung diverse Heuristiken, also vereinfachende „Daumenregeln", eine große Rolle spielen (vgl. Kunreuther und Pauly 2004), die es Entscheidern ermöglichen, in einer komplexen Umwelt schnelle und sinnvolle Entscheidungen zu treffen, die allerdings natürlich auch die Gefahr systematischer Verzerrungen mit sich bringen.

Tendenziell überschätzen Menschen zum Beispiel die Wahrscheinlichkeit für Ereignisse, die in ihrer Erinnerung verfügbarer sind und/oder gut dokumentiert sind, weil sie etwa in den Medien präsent sind (Verfügbarkeitsheuristik) (vgl. Tversky und Kahneman 1973). Typische Beispiele hierfür sind die Ängste vor einem Flugzeugabsturz oder einer tödlichen Haiattacke. Tatsächlich sind die Wahrscheinlichkeiten dieser Ereignisse extrem klein. Durch die Medienberichterstattung sind sie aber sehr gut dokumentiert und dadurch auch sehr präsent in unseren Erinnerungen. Hinzu kommt, dass Menschen dazu tendieren, Risiken als geringer einzuschätzen, über welche sie wenigstens scheinbar die Kontrolle besitzen (vgl. Sandman 1987; vgl. auch Slovic et al. 1987). So haben Menschen typischerweise mehr Angst vor dem Fliegen als vor der Fahrt mit dem Auto zum Flughafen, obwohl das Autofahren rein statistisch gefährlicher ist als das Fliegen.

Auch Aberglaube und Wunschdenken können Einfluss auf die Risikowahrnehmung haben. Sperrt man hungrige Tauben in einen Käfig ein und gibt ihnen über eine Apparatur unabhängig von ihrem Verhalten in gleichmäßigen Zeitabständen eine kleine Portion Futter, so kann man nach einer gewissen Zeit beobachten, wie einige Tauben beginnen, sich eigenartig zu verhalten. Sie drehen sich im Kreis, heben das linke oder das rechte Bein, spreizen abwechselnd die Flügel oder hüpfen einfach nur auf der Stelle. Die Ursache liegt aber nicht an dem verabreichten Futter sondern lediglich daran, dass die Tauben irrtümlicherweise meinen, durch ihr Verhalten den Zeitpunkt der Fütterung beeinflussen zu können. Da Tauben meist in Bewegung sind, fallen die Futterzeitpunkte stets mit irgendwelchen

Handlungen der Tauben zusammen. Die Taube denkt nun, dass diese Handlung die Fütterung herbeigeführt hat. Die jeweilige Handlung kann bei jeder Taube natürlich unterschiedlich sein und dementsprechend wiederholen die Tauben stets die Bewegungen, zu welchen sie subjektiv die Erfahrung gemacht haben, dass diese tendenziell mit Futter belohnt werden (vgl. Skinner 1948). Dies ist ein typisches Beispiel von magischem Denken bzw. Aberglaube, der in ähnlicher Weise auch bei Menschen, wie zum Beispiel Fußballfans, die stets die gleichen Rituale vor wichtigen Spielen wiederholen, oder auch Wertpapierhändlern, die sich an Strategien orientieren, die in der Vergangenheit (eventuell nur zufällig) mit guten Renditen einhergingen, wiederfindet.

Aberglaube ist sehr eng verwandt mit dem ebenfalls sehr oft beobachtbaren Wunschdenken: Man hält das für wahrscheinlicher, was man sich erhofft, sodass sich eine verzerrte Risikowahrnehmung ergibt.

Relevanz für die Versicherungswirtschaft

Wunschdenken oder übertriebener Optimismus kann dazu führen, dass bestimmte existenzbedrohende Risiken wie das der Berufsunfähigkeit oder Pflegebedürftigkeit unterschätzt werden, sodass auch entsprechende Versicherungen für nicht notwendig bzw. zu teuer erachtet werden. Möglicherweise werden außerdem Deckungen für bestimmte seltene Katastrophenschäden deshalb in unzureichendem Umfang abgeschlossen, weil die sehr kleinen Ereigniswahrscheinlichkeiten ignoriert werden.[2]

Beispiele für subjektive Risikowahrnehmung – hier insbesondere die Verfügbarkeitsheuristik – zeigen sich zum Beispiel auch in der Nachfrage nach Elementarschadenzusatzversicherungen direkt im Anschluss an ein Flutereignis. Das objektive Risiko eines solchen Schadens ist in der Regel unabhängig davon, ob vor kurzem ein Flutereignis stattgefunden hat oder nicht. Das bedeutet, dass sich auch die Nachfrage nach entsprechenden Versicherungsdeckungen nicht verändern sollte. Da durch die Berichterstattung in den Medien das Katastrophenereignis aber bewusster wahrgenommen wird, wird das Risiko als höher eingeschätzt, weshalb sich unter Umständen mehr Menschen für eine Versicherung entscheiden.

[2]Vgl. u. a. Browne et al. (2015), die im Rahmen einer empirischen Untersuchung eine deutliche Präferenz für die Versicherung von Risiken mit höherer Eintrittswahrscheinlichkeit, aber recht moderaten Konsequenzen im Vergleich zum „low probability, high consequence"-Risiko Flut finden.

Dieses Beispiel zeigt aber auch besonders deutlich eine Grenze der verhaltensorientierten Forschung auf. Denn auch für einen entgegengesetzten Nachfrageeffekt gäbe es eine plausible Erklärung bzw. eine passende Heuristik: Es ist auch denkbar, dass in einem solchen Fall die sogenannte „Gambler's Fallacy" zum Tragen kommt, nach der man fälschlicherweise davon ausgeht, dass die Wahrscheinlichkeit des Katastrophenereignisses im nächsten Jahr geringer ist, weil es ja nun gerade einen Flutschaden gegeben hat. Eine solche Anpassung der Risikowahrnehmung stellt einen Spezialfall der Repräsentatitivitätsheuristik dar, der zufolge Menschen davon ausgehen, dass Zeitreihen auch über einen kurzen Zeitraum zu ihrem durchschnittlichen Ergebnis führen.

Aus Sicht von Versicherungsunternehmen und gegebenenfalls auch aus gesellschaftlicher Sicht ist es in solchen Bereichen mit folgenschweren Fehlern der Risikowahrnehmung wichtig, über Risiken aufzuklären und gegebenenfalls Instrumente zur Verfügung zu stellen, diese besser abzuschätzen.

2.9 Bedeutung von Emotionen

Emotionen haben nachweisbar gravierenden Einfluss auf wirtschaftliche Entscheidungen. Tendenziell überschätzen glückliche Entscheidungsträger die Wahrscheinlichkeiten positiver Ereignisse und sind somit bereit, zum Beispiel im Aktienmarkt größere Risiken einzugehen. Einen eindrucksvollen Nachweis dieses Zusammenhangs liefern Hirshleifer und Shumway (2003), die den Zusammenhang zwischen Sonnenschein (an den führenden Börsenplätzen von 26 Ländern im Zeitraum von 1982 und 1997) und Aktienrenditen untersuchen und einen starken signifikanten Zusammenhang nachweisen.

Auch andere Komponenten des menschlichen Entscheidungsverhaltens werden von Emotionen beeinflusst. So lässt sich zum Beispiel nachweisen, dass positiv „emotional aktivierte" Entscheidungsträger verstärkt auf Heuristiken zur Entscheidungsunterstützung zurückgreifen.

Relevanz für die Versicherungswirtschaft
Im Versicherungszusammenhang lässt sich aus dem letztgenannten Punkt die Frage ableiten, welchen Einfluss emotionale Aktivierung auf die Risikowahrnehmung und daraus folgend auf die Versicherungsnachfrage hat. Jaspersen und Aseervatham (2016) zeigen in einem Experiment, dass Entscheider, denen positive Emotionen induziert wurden, nach Schadenereignissen seltener Versicherungsschutz erwerben. Sie erklären dies dadurch, dass bei diesen Individuen die

Repräsentativitätsheuristik (vgl. oben) stärker zum Tragen kommt. Auch lässt sich (sogar für fiktive Gegenstände) nachweisen, dass Gegenstände mit einem höheren emotionalen Wert stärker versichert werden (vgl. Hsee und Kunreuther 2000 oder auch Aseervatham et al. 2015).

2.10 Sicherheitseffekt (Certainty Effect)

Ein spezielles Problem der Verzerrung von Risikobewertungen zeigt sich daran, dass der Übergang von „fast sicher“ zu „ganz sicher“ meist übergewichtet wird. Der Unterschied von 99 % zu 100 % wird also von vielen Menschen größer wahrgenommen als er tatsächlich ist.

Auch hierzu gibt es ein einfaches Experiment (vgl. Allais 1953): Hier stellt man Menschen zunächst in einem „Spiel A“ die Frage, was sie lieber erhalten würden:

- A1: mit Wahrscheinlichkeit 80 % einen Betrag von 4000 EUR (und mit 20 % Wahrscheinlichkeit nichts) oder
- A2: sicher 3000 EUR

Es gibt hier natürlich keine „richtige“ Antwort. Wer eine hohe Risikoaversion hat, entscheidet sich für A2. Wer weniger risikoscheu ist, entscheidet sich für A1, denn A1 hat einen höheren erwarteten Gewinn (von 0,8 * 4000 EUR = 3200 EUR), dafür aber auch ein höheres Risiko als A2.

Man kann nun ein zweites „Spiel B“ wie folgt konstruieren:

- B1: mit Wahrscheinlichkeit 20 % einen Betrag von 4000 EUR (und mit 80 % Wahrscheinlichkeit nichts) oder
- B2: mit Wahrscheinlichkeit 25 % einen Betrag von 3000 EUR (und mit 75 % Wahrscheinlichkeit nichts)

Ein homo oeconomicus, der sich für A1 entschieden hat, hat eine Risikoaversion, die zwingend im Spiel B die Variante B1 verlangt. Wer hingegen A2 gewählt hat, muss auch B2 wählen.

In der Realität beobachtet man jedoch, dass in der Regel eine große Mehrheit (rund 80 % der Befragten) A2 gegenüber A1 bevorzugt, wogegen eine signifikante Mehrheit (rund 65 % der Befragten) B1 gegenüber B2 bevorzugt.

Eine mögliche Erklärung ist: „Sicher“ und „unmöglich“ verstehen wir gut. Die Wahrscheinlichkeiten dazwischen schätzen wir falsch ein. Niedrige Wahrscheinlichkeiten werden überschätzt und hohe Wahrscheinlichkeiten werden unterschätzt, sodass insbesondere der Übergang von (unterschätzten) 99 % zu (korrekt interpretierten) 100 % größer erscheint als er ist.

Relevanz für die Versicherungswirtschaft

Der Sicherheitseffekt hat eine ähnliche Bedeutung in Bezug auf Versicherungen wie die subjektive Risikowahrnehmung. Durch die Verzerrung von Wahrscheinlichkeiten sind Versicherungen populär, die ein homo oeconomicus nicht nachfragen würde. Die bereits angesprochene hohe Popularität von Garantien, insbesondere mit jährlichen Absicherungen, bei langfristigen Altersvorsorgeprodukten sowohl in der Anspar- als auch in der Auszahlungsphase ist ein solches Beispiel. Wir haben bereits gesehen, dass die Verlustaversion von Menschen dazu führt, dass sie Verluste im Bezug zu einem Referenzpunkt in etwa doppelt so stark gewichten wie Gewinne und daher extrem darauf bedacht sind, Verluste zu vermeiden. Hierfür sind sie auch bereit, Wahrscheinlichkeiten von Gewinnen stark zu reduzieren. Das Überschätzen kleiner Wahrscheinlichkeiten verstärkt die Auswirkungen der Verlustaversion noch zusätzlich. Hohe Verluste, die üblicherweise nur mit einer sehr kleinen Wahrscheinlichkeit eintreten, werden subjektiv als deutlich wahrscheinlicher wahrgenommen und bewertet. Um diese zu vermeiden, greifen viele Menschen zu sehr hohen (und damit sehr teuren) Garantien.

2.11 Übersteigertes Selbstvertrauen

In einer leistungsorientierten Gesellschaft wird ein ausgeprägtes Selbstvertrauen in vielen Situationen als Vorteil gesehen. Übersteigertes Selbstvertrauen jedoch kann durchaus zu gravierenden Fehleinschätzungen führen. So können die oben beschriebenen Schwierigkeiten, Wahrscheinlichkeiten richtig einzuschätzen und zu bewerten, in Verbindung mit übertriebenem Selbstvertrauen eine besonders ungünstige Kombination darstellen. Dies zeigt sich beispielsweise bei Aktienhändlern und anderen Finanzexperten, unter denen viele trotz nachweislicher Fehleinschätzungen in der Vergangenheit fest von ihren Einschätzungen zur zukünftigen Marktentwicklung überzeugt sind (vgl. beispielsweise Glaser und Weber 2007 und Ben-David et al. 2013). Finanzexperten stellen allerdings keine Ausnahme diesbezüglich dar. Vielmehr gilt, dass beinahe alle Menschen zumindest gewisse Ausprägungen eines übersteigerten Selbstvertrauens aufzeigen (vgl. Johnson und Fowler 2011).

Es gibt verschiedene Ausprägungen von übersteigertem Selbstvertrauen. Viele Menschen neigen dazu, ihre eigenen Fähigkeiten zu überschätzen, sowohl absolut als auch relativ zu anderen. Zusätzlich werden mögliche negative Konsequenzen oftmals unterschätzt. So hält beispielsweise eine Mehrheit von rund 90 % der US-amerikanischen Autofahrer ihre Fahrleistung für überdurchschnittlich gut (vgl. zum Beispiel Svenson 1981, oder auch Kahneman 2011). Gleiches gilt auch für Fahrrad- und Skifahrer und in letzter Konsequenz für nahezu alle Tätigkeiten, in denen sich Menschen als einigermaßen gut einschätzen. Mögliche negative Konsequenzen, beispielsweise die Gefahr eines Unfalls, werden dementsprechend unterschätzt und nicht ausreichend abgesichert. Gleiches trifft auch auf Manager zu, die Unternehmensentscheidungen treffen müssen und oftmals über ein besonders hohes Selbstvertrauen verfügen. Hier zeigt sich, dass leitende Manager sich umso seltener durch eine D&O Versicherung absichern, je besser sie ihre Fähigkeiten einschätzen (Boles et al. 2014).

Hinzu kommt, dass auch Menschen, die im Hinblick auf eine bestimmte Tätigkeit relativ wenig Kompetenz besitzen, anscheinend verstärkt dazu neigen, ihre eigenen Fähigkeiten hinsichtlich dieser Tätigkeit zu überschätzen und die Fähigkeiten anderer zu unterschätzen (vgl. Kruger und Dunning 1999). Dies gilt nicht nur für Fähigkeiten, sondern auch für Wissen. Einer der Autoren hat folgendes Experiment bereits mehrfach im Rahmen von Vorträgen durchgeführt: Zuhörer waren je nach Anlass Studenten, Führungskräfte aus Versicherungsunternehmen oder Versicherungsvermittler. Den Zuhörern wurden jeweils sechs Fragen gestellt, deren Antwort sie vermutlich nicht wissen konnten (zum Beispiel nach der Fläche der Sahara oder dem Gewicht der Freiheitsstatue). Sie wurden dann gebeten, ein Intervall anzugeben, sodass die richtige Antwort mit 90 % Wahrscheinlichkeit in diesem Intervall liegt. Je unsicherer sich die Probanden bezüglich einer Antwort sind, desto größer sollten sie also das Intervall wählen. Tatsächlich beinhalteten jedoch (im Durchschnitt über alle Zuhörer und alle gestellten Fragen) nicht 90 %, sondern nur zwischen 20 % und 30 % der angegebenen Intervalle die richtige Antwort. Die Probanden haben also – obwohl sie wussten, dass sie im entsprechenden Gebiet keine Experten sind – ihr eigenes Wissen massiv überschätzt und dementsprechend tendenziell zu enge Intervalle angegeben.

Relevanz für die Versicherungswirtschaft

Dass übersteigertes Selbstvertrauen auch im Hinblick auf Versicherungen von großer Relevanz ist, zeigen bereits die oben genannten Beispiele. Aus dem Überschätzen der eigenen Fähigkeiten und Kenntnisse lässt sich folgern, dass gerade Personen, die ganz besonders eine kompetente Beratung benötigen, ihren Beratungsbedarf tendenziell unterschätzen. Anders sieht es jedoch aus, wenn diese

Beratung von Bekannten oder Freunden kommt. Hier neigen wiederum viele Menschen dazu, ähnlich wie bei sich selbst, die Fähigkeiten des Bekannten oder Freundes zu überschätzen (vgl. zum Beispiel Brown 1986). Davon profitieren eventuell Versicherungsvermittler, die insbesondere Policen im Freundes- und Bekanntenkreis verkaufen.

Überschätzen Menschen ihre Fähigkeiten und unterschätzen sie damit einhergehende Risiken, so wird auch der Versicherungsbedarf unterschätzt. Ein weiterer sehr wichtiger Faktor, den viele Menschen überschätzen, ist die eigene Gesundheit. Insbesondere wenn aufgrund dieser Fehleinschätzung keine Berufsunfähigkeitsversicherung abgeschlossen wird, kann sich dies existenzbedrohend auswirken. Auch hier ist es entscheidend, dass Menschen über ihre gesundheitlichen Risiken und die sich daraus ergebenden möglichen Konsequenzen aufgeklärt werden damit sie diese nicht unterschätzen. Hier können neben staatlichen Informationskampagnen auch neue Technogien, wie Fitness- und Gesundheits-Tracker, als Bestandteil moderner Produkte eine wichtige Rolle übernehmen, aber sicher ist gerade in diesem Bereich auch in Zukunft individuelle Beratung und Aufklärung wichtig.

2.12 Gegenwartspräferenz

Das Verhaltensmuster der „zeitinkonsistenten Gegenwartspräferenz“ beruht im Wesentlichen darauf, dass für die meisten Menschen (unbewusst) „das Jetzt“ unter den verschiedenen Zeitpunkten eine herausragende Stellung einnimmt – ganz ähnlich wie das aktuelle Vermögen unter allen möglichen Kontoständen (vgl. Abschn. 2.5 und 2.7).

Es gibt zahlreiche Experimente, die eine ausgeprägte Gegenwartspräferenz nachweisen können. Im wohl bekanntesten Experiment fragt man Menschen, ob sie lieber 80 EUR jetzt oder 100 EUR morgen bekommen wollen. Hier entscheiden sich zahlreiche Menschen für die 80 EUR jetzt. Fragt man die Leute aber, ob sie lieber 80 EUR in einem Jahr oder 100 EUR in einem Jahr und einem Tag bekommen möchten, wartet jeder gern noch einen Tag länger. Wenn sich die Entscheidungskriterien dieser Menschen aber im Laufe des Jahres nicht ändern, dann bevorzugt deren „zukünftiges Ich“ in einem Jahr die 80 EUR sofort im Vergleich zu 100 EUR morgen (vgl. hierzu Frederick et al. 2002 oder Green et al. 1994 bzw. Kirby und Herrnstein 1995).

Schon dieses einfache Experiment zeigt zwei Dinge: Zum einen ist die Gegenwart für die Menschen ein ganz besonderer Bezugspunkt. Daher scheint der Unterschied zwischen „heute“ und „morgen“ größer als der Unterschied zwischen „in 365 Tagen“ und in „366 Tagen“. Geld jetzt sofort zu besitzen erscheint also wertvoller, als mehr Geld in der Zukunft zu besitzen, und zwar weit über den „normalen“ Zinseffekt hinaus. Zum anderen zeigt das Experiment aber auch, dass vom „heutigen Ich“ aufgrund der Gegenwartspräferenz Entscheidungen getroffen werden, die das „zukünftige Ich“ später falsch findet, und zwar selbst dann, wenn das „zukünftige Ich“ dann immer noch dieselben Entscheidungskriterien verwendet.

Die Gegenwartspräferenz führt somit zu Entscheidungen, die Wissenschaftler als „zeitinkonsistent“ bezeichnen. Einfacher ausgedrückt führt sie zu Entscheidungen, die man später bereut.[3]

Relevanz für die Versicherungswirtschaft

Auch die Gegenwartspräferenz ist eine mögliche Erklärung für das oben angesprochene Annuity Puzzle, also für die Frage, warum so wenige Menschen ihr angespartes Geld verrenten: Die Gegenwartspräferenz führt dazu, dass man lieber das angesparte Geld heute besitzt als später (in Raten) potenziell mehr zu bekommen. Dies ist aber eine Entscheidung, die man später eventuell bereut, insbesondere dann, wenn man so lange lebt, dass das angesparte Geld komplett aufgebraucht wird.

[3]Thaler (1981) führt ein komplizierteres Experiment durch, in dem Menschen zwischen verschiedenen Beträgen zu verschiedenen Zeitpunkten wählen können, und weist nach, dass zeitinkonsistente Entscheidungen auch hier häufig auftreten (vgl. hierzu Thaler 1981).

Ein zweiter Blick auf die Risikoaversion 3

In Kap. 1 haben wir gesehen, dass die Steigung einer typischen Nutzenfunktion (im Sinne der Erwartungsnutzentheorie, die einen homo oeconomicus beschreibt) stets abnimmt. Dies unterstellt, dass Menschen in allen Situationen risikoscheu (risikoavers) sind. Untersucht man aber das Risikoverhalten von Menschen im Hinblick auf Gewinne und Verluste getrennt voneinander, so zeigt sich, dass dies nicht immer zutrifft.

Experimente legen nahe, dass Menschen meist risikoscheu (risikoavers) sind, wenn es um Gewinne geht. Sie ziehen also einen sicheren Gewinn einer Lotterie mit demselben erwarteten Gewinn vor. Wenn es um Verluste geht, sind Menschen hingegen oft Risiko suchend (risikoaffin). Anstelle eines sicheren Verlusts wird eine Lotterie mit demselben erwarteten Verlust bevorzugt, die aber zumindest eine Chance bietet, den Verlust zu vermeiden.

Das bereits erläuterte Überschätzen von kleinen Wahrscheinlichkeiten (vgl. Abschn. 2.8) führt allerdings dazu, dass sich dieses Verhalten umkehrt, wenn ein großer Gewinn oder Verlust mit einer kleinen Wahrscheinlichkeit möglich ist: Eine kleine Wahrscheinlichkeit für einen großen Gewinn wird überschätzt. Die Chance wirkt dadurch attraktiver und der Entscheider wird risikoaffin, obwohl es um Gewinne geht. Dies erklärt beispielsweise die Nachfrage nach Lotterietickets und anderen Glücksspielen, die ein bezüglich Gewinnen risikoaverser Mensch nie kaufen würde. Da umgekehrt auch eine kleine Wahrscheinlichkeit für einen großen Verlust überschätzt wird, wirkt ein entsprechendes Risiko bedrohlicher. Der Entscheider ist daher risikoavers bzgl. solcher Risiken, was die Akzeptanz entsprechender Versicherungen erhöht.

A. Richter et al., *Moderne Verhaltensökonomie in der Versicherungswirtschaft*, essentials, https://doi.org/10.1007/978-3-658-19841-1_3

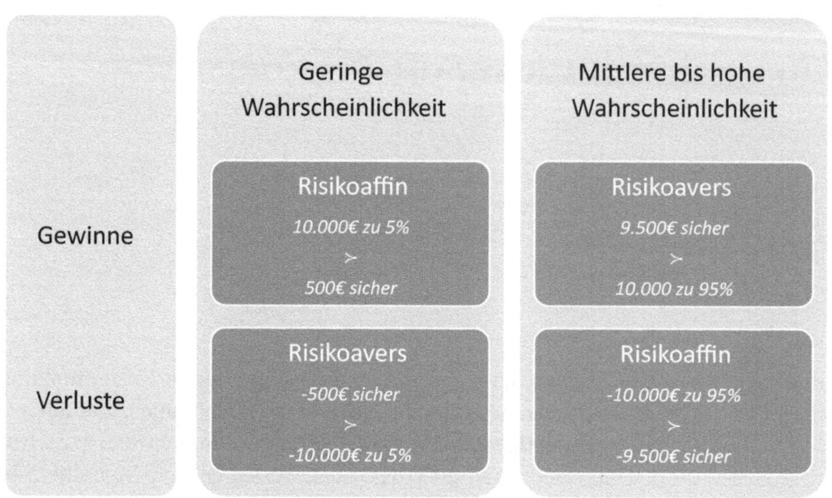

Abb. 3.1 Typisches vierteiliges Risikoverhalten (fourfold pattern of risk attitudes). (Quelle: eigene Darstellung nach Tversky und Kahneman 1992 sowie Kahneman 2011)

Insgesamt ergibt sich somit das in Abb. 3.1 anhand eines konkreten Zahlenbeispiels dargestellte Muster[1]: Die meisten Menschen würden einen sicheren Gewinn von 9500 EUR einer 95 Prozent-Chance auf 10.000 EUR vorziehen (rechts oben), denn sie sind grundsätzlich risikoscheu, wenn es um Gewinne geht. Um die Chance zu bewahren, einen sicheren Verlust von 9500 EUR zu vermeiden, würden sie sich hingegen risikoaffin verhalten und das Risiko eingehen, mit 95 % Wahrscheinlichkeit einen Verlust von 10.000 EUR zu erleiden (rechts unten). Andererseits sind viele Menschen bei großen aber unwahrscheinlichen Verlusten risikoscheu: Sie nehmen einen sicheren Verlust von 500 EUR in Kauf, um einen höheren aber sehr viel unwahrscheinlichen Verlust von 10.000 EUR mit einer Wahrscheinlichkeit von fünf Prozent zu vermeiden (links unten). Schließlich handeln Menschen bei einer kleinen Chance auf einen großen Gewinn risikoaffin und bevorzugen eine fünf Prozent Chance auf 10.000 EUR gegenüber sicheren 500 EUR (links oben).

[1]Vgl. zum Beispiel Tversky und Kahneman (1992), oder auch Kahneman (2011). Neben der hier beschriebenen Einteilung des Risikoverhaltens in Abhängigkeit von der Wahrscheinlichkeit, mit welcher Gewinne bzw. Verluste eintreten, lässt sich auch eine ähnliche Einteilung in Abhängigkeit von der Höhe der Gewinne bzw. Verluste feststellen (vgl. hierzu u. a. Markowitz 1952).

Relevanz für die Versicherungswirtschaft

Die eben erläuterte „Vierteilung des Risikoverhaltens" führt also insbesondere dazu, dass sich Menschen angesichts des Risikos großer existenzbedrohender Schäden (mit kleinen Eintrittswahrscheinlichkeiten) risikoscheu verhalten und gemäß dem Prinzip einer Versicherung die Zahlung einer vergleichsweise geringen Prämie vorziehen, um im Falle des Schadens abgesichert zu sein.

Im Hinblick auf das Risikoverhalten spielen aber neben der Unterscheidung in Verluste und Gewinne sowie der besonderen Behandlung sehr unwahrscheinlicher Ereignisse auch noch andere Einflüsse eine wichtige Rolle. Eine besonders große Auswirkung wird beispielsweise durch den sogenannten „Cushion Effect" beschrieben. Dieser beschreibt, dass Menschen mehr Risiko eingehen, um eine bestimmtes Ziel zu erreichen, wenn bereits ein Minimalziel abgesichert bzw. ein Puffer vorhanden ist. Dies erklärt unter anderem die Beleibtheit von Garantieprodukten zur Altersvorsorge, die ihre Aktienquote gerade so erhöhen, dass ein gewisses Minimalziel nicht gefährdet ist (vgl. Knoller 2016).

Populäre deskriptive Modelle und damit erzielte Resultate

4

Ein Teil der oben beschriebenen Verhaltensmuster veranlasste Daniel Kahneman und Amos Tversky, die wohl populärste und einflussreichte verhaltensökonomische Alternative zur Erwartungsnutzentheorie zu entwickeln: die Prospect Theory (manchmal auch „Neue Erwartungstheorie" genannt).[1] Basierend auf experimentellen Arbeiten stellten Kahneman und Tversky diese erstmals 1979 vor und erweiterten sie 1992 zur „Cumulative Prospect Theory", welche eine breitere Anwendung ermöglichte (Kahneman und Tversky 1979, sowie Tversky und Kahneman 1992). Im Gegensatz zur Erwartungsnutzentheorie ist die Prospect Theory rein deskriptiver Natur und versucht insbesondere, das tatsächliche Verhalten von Menschen zu modellieren und so Abweichungen von rationalem Handeln im Sinne der traditionellen Theorie zu erklären.

Die Prospect Theory teilt dabei den Entscheidungsprozess in zwei Phasen ein: die Aufbereitungs- (Editing) und die Bewertungsphase (Evaluation). In der Aufbereitungsphase spielt das Framing (vgl. Abschn. 2.2) eine entscheidende Rolle, da in dieser Phase mögliche Alternativen vereinfacht und potenzielle Ergebnisse grob geordnet werden. Die Beurteilung der potenziellen Ergebnisse erfolgt dabei in Bezug auf einen neutralen Referenzpunkt (vgl. Abschn. 2.5), wodurch sie als Gewinne und Verluste dargestellt werden. Die Festlegung des neutralen Referenzpunktes ist entscheidend und oftmals eine der größten Herausforderungen bei der Anwendung der Prospect Theory. Möchte man beispielsweise ein Aktienportfolio anhand der Prospect Theory bewerten, so muss man zuerst die möglichen Gewinne und Verluste bestimmen. Was sich zunächst einfach anhört, stellt sich bei genauerem Überlegen als kompliziert heraus. So muss man sich fragen, ob

[1]Kahneman wurde hierfür im Jahr 2002 mit dem Nobelpreis in Wirtschaftswissenschaften ausgezeichnet.

A. Richter et al., *Moderne Verhaltensökonomie in der Versicherungswirtschaft*, essentials, https://doi.org/10.1007/978-3-658-19841-1_4

ein Zuwachs im absoluten Wert des Aktienportfolios als Gewinn bewertet werden kann, wenn dieser geringer ist als etwa der „sichere" Zins, den man zum Beispiel auf einem Sparbuch erhalten hätte. Daneben stellt sich auch die Frage, ob nur der Gewinn bzw. Verlust über die gesamte Anlagedauer betrachtet wird oder ob nicht vielmehr auch jährliche, monatliche oder sogar tägliche Gewinne und Verluste berücksichtigt werden müssen. Aufgrund dieser nicht immer eindeutig zu klärenden Fragestellungen werden wir auf die Festlegung des Referenzpunktes später nochmals zurückkommen.

Der zweite Schritt ist die Bewertungsphase, in welcher der subjektive Nutzen der verschiedenen Alternativen anhand eines mathematischen Modells unter Verwendung einer geknickten „S-förmigen" Wertefunktion bestimmt wird (vgl. Abb. 4.1). Der „Knick" am Referenzpunkt bewirkt, dass Verluste typischerweise doppelt so stark gewichtet werden wie Gewinne (vgl. Abschn. 2.7 zur Verslustaversion). Die „S-Form" bewirkt die in Kap. 3 beschriebene Risikoaversion bezüglich Gewinnen bei gleichzeitiger Risikoaffinität bezüglich Verlusten. Darüber hinaus verwendet die Prospect Theory nicht die tatsächlichen, sondern „verzerrte" Wahrscheinlichkeiten der potenziellen Ereignisse. Modelliert wird dies durch eine Modifikation der zugrundeliegenden Wahrscheinlichkeiten wie in Abb. 4.2 dargestellt. Dadurch berücksichtigt die Prospect Theory auch die in Abschn. 2.8 beschriebene und bei Menschen häufig beobachtbare subjektive Wahrscheinlichkeitsverzerrung. Die

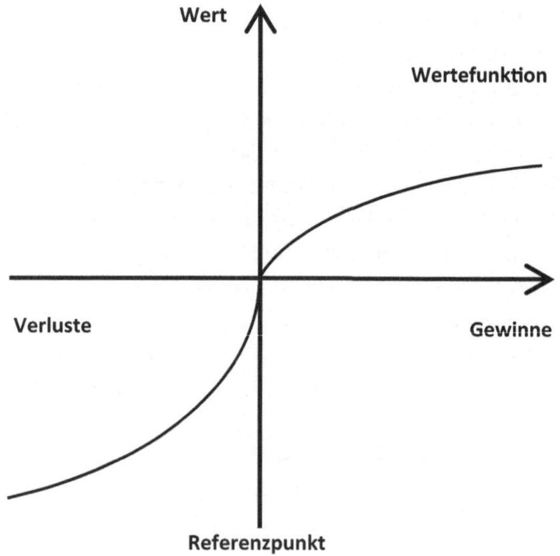

Abb. 4.1 Verlauf einer typischen Prospect-Theory-Wertefunktion. (Quelle: eigene Darstellung nach Tversky und Kahneman 1992)

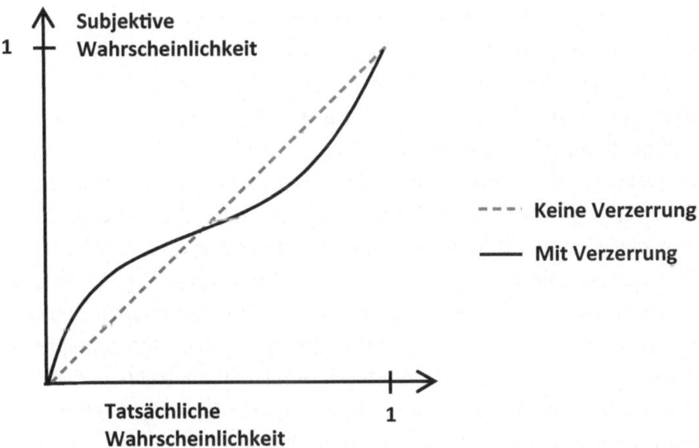

Abb. 4.2 Darstellung einer typischen Wahrscheinlichkeitsverzerrung: Kleine Wahrscheinlichkeiten werden überschätzt, große Wahrscheinlichkeiten werden unterschätzt. (Quelle: eigene Darstellung nach Tversky und Kahneman 1992)

Kombination aus Wertefunktion und Wahrscheinlichkeitsverzerrung ermöglicht es, die in Kap. 3 beschriebene Vierteilung des Risikoverhaltens in der Prospect Theory abzubilden.

Die Prospect Theory schafft es also, eine Vielzahl der in Kap. 2 und 3 beschriebenen Verhaltensmuster in einem gemeinsamen Modell zu beschreiben. Dadurch ermöglicht sie es, die Auswirkungen der Verhaltensmuster einzeln und im Zusammenspiel zu untersuchen und damit Entscheidungen von Menschen und deren Ursachen besser zu verstehen.

Ein weiterer Vorteil der Prospect Theory besteht darin, dass sie sich auf eine Vielzahl von Fragestellungen in der Finanz- und Versicherungswirtschaft anwenden lässt.[2] Anwendungen im Bereich der Sachversicherung, welche unter anderem Überversicherungen geringer Risiken erklären[3], finden sich genauso wie in den Bereichen der Lebensversicherung und der Altersvorsorge. So liefert die Prospect Theory auch vor allem durch die Einbeziehung eines Referenzpunktes und der Verlustaversion eine mögliche Erklärung für das mehrfach angesprochene Annuity Puzzle. Beispielsweise zeigen Hu und Scott (2007) oder auch Gottlieb

[2]Eine gute Übersicht hierzu findet sich beispielsweise in Barberis (2013, S. 173–195).

[3]Zum Beispiel erklärt Sydnor (2010) die Tentenz zu geringer Selbstbeteiligungen bei Hausratversicherungen mit Hilfe der Prospect Theory.

(2012), dass Prospect-Theory-Anleger keinen oder nur einen sehr kleinen Teil des zur Altersvorsorge angesparten Vermögens in eine Rente umwandeln. Verrentet ein Mensch sein Vermögen mit 65 und stirbt er mit 66, so stellt dies einen sehr großen Verlust dar. Denn in Bezug auf das verrentete Vermögen, welches als Referenzpunt dient, geht in diesem Fall beinahe alles verloren. Im umgekehrten Fall, also wenn er zum Beispiel erst mit 90 stirbt, erzielt er zwar einen großen Gewinn – allerdings bewirkt die Verlustaversion, dass die Verluste deutlich stärker bewertet werden und dass dementsprechend die negativen Auswirkungen subjektiv überwiegen. Dieser Effekt wird durch die Wahrscheinlichkeitsverzerrung noch verstärkt, welche die vergleichsweise geringe Wahrscheinlichkeit, bereits im Alter von 66 Jahren zu sterben, deutlich übergewichtet. Dementsprechend sind insbesondere die kleine Wahrscheinlichkeit eines frühen Todes und der in diesem Fall damit einhergehende „beinahe Totalverlust" des eingesetzten Vermögens zumindest mitverantwortlich für die geringe Attraktivität einer Verrentung. Diese Erkenntnis kann nun verwendet werden, um Verrentungsmöglichkeiten für den Kunden attraktiver zu gestalten, indem man beispielsweise Garantien anbietet, die die sehr hohen Verluste bei frühem Tod reduzieren.

Die größte Herausforderung bei der Anwendung der Prospect Theory liegt in der Vielzahl an Ausgestaltungsmöglichkeiten und der damit verbundenen Annahmen, die für eine sinnvolle Auswertung unterstellt werden müssen. Neben den genauen Ausgestaltungen der Wertefunktion und der Wahrscheinlichkeitsverzerrung wurde hierzu bereits zu Beginn dieses Kapitels die kritische Rolle des Referenzpunktes angesprochen. Möchte man den Nutzen einer Kapitalanlage in der Prospect Theory bestimmen, würde man üblicherweise die Verteilung des Endvermögens in Bezug zum eingesetzten Vermögen oder einem vorgegebenen Zielvermögen (Referenzpunkt) setzen. Dementsprechend ergibt sich hierbei der subjektive Nutzen einer Kapitalanlage für den Kunden komplett aus der Verteilung des Endvermögens. Zwischenzeitliche Wertverläufe und -schwankungen haben demnach keinen Einfluss darauf, wie attraktiv ein Produkt für den Anleger ist.

Verschiedene wissenschaftliche Arbeiten zeigen jedoch, dass Anleger dazu tendieren, ihre Anlage regelmäßig zu bewerten. Dies legt nahe, dass Menschen auch regelmäßig ihren Referenzpunkt anpassen und ihre Anlage stets bezüglich des aktuellen Referenzpunktes bewerten. Steigt beispielsweise die Anlage im ersten Jahr von 100 EUR auf 120 EUR und fällt im zweiten auf 101 EUR, so erfährt der Anleger im ersten Jahr einen Gewinn von 20 EUR und im zweiten einen Verlust von 19 EUR. Insgesamt steht ein Gewinn von 1 EUR zu buche. Setzt man aber eine jährliche Bewertung unter Berücksichtigung der in Abschn. 2.7 beschriebenen Verslustaversion an, so überwiegen die negativen Auswirkungen des Verlustes im zweiten Jahr. Benartzi und Thaler (1995) greifen diese Betrachtungsweise in ihrer 1995 eingeführten Theorie der „Myopischen (kurzsichtigen) Verlustaversion“ auf. In ihrer Arbeit können sie damit den gemäß ökonomischen Theorien zu hohen Unterschied zwischen den Renditen von Aktien und vergleichsweise sicheren Anlagen, wie Staatsanleihen, erklären. Sie zeigen dabei insbesondere, dass die am Markt vorhandenen Unterschiede sich durch eine jährliche Bewertung und eine Übergewichtung der Verluste mit einem Faktor von etwa zwei erklären lassen.

Dieser Ansatz ist auch im Bereich der Altersvorsorge von Interesse und im Speziellen im Hinblick auf die Fragestellung, weshalb bestimmte Altersvorsorgeprodukte populär sind und andere nicht. Beispielsweise erfreuen sich Life-Cycle Fonds (Graf 2017), Lebenszyklusmodelle bei Fondspolicen sowie jährliche Garantieformen (Ebert et al. 2012) großer Beliebtheit, obwohl sie unter Anwendung der Erwartungsnutzentheorie und selbst der Prospect Theory nicht nachgefragt werden dürften. Diese vernachlässigen allerdings, dass Kunden regelmäßig den Wert ihrer Kapitalanlagen kontrollieren, zum Beispiel im Zuge einer jährlichen Wertmitteilung, und dadurch insbesondere jährliche Wertänderungen während der Laufzeit entsprechend bewerten. Es ist naheliegend, dass Kunden bereits bei der Produktauswahl den subjektiven Nutzen zukünftiger jährlicher Wertschwankungen in ihre Entscheidung einbeziehen. Aufbauend auf der Prospect Theory und der myopischen Verlustaversion haben daher Ruß und Schelling mit der „Multi Cumulative Prospect Theory“ eine Weiterentwicklung der Prospect Theorie vorgeschlagen, die diesen Effekt berücksichtigt. Diese neue Theorie kann beispielsweise die hohe Popularität von Life-Cycle Fonds (Graf et al. 2017) und von jährlichen Garantieformen in der privaten Altersvorsorge (Ruß und Schelling 2017) erklären.

5 Zusammenfassung und Ausblick

Es gibt viele Beispiele dafür, dass menschliche Entscheidungen in realen Märkten nicht mit den Ergebnissen traditioneller ökonomischer Theorie kompatibel sind. So bedeutsam der homo oeconomicus als Benchmark für tatsächliches Verhalten nach wie vor ist, so deutlich sind inzwischen die Grenzen klassischer theoretischer Ansätze herausgearbeitet und analysiert worden. Die Verhaltensökonomie stattet uns zwar nicht mit einem vergleichbaren geschlossenen Theorierahmen aus, sie ermöglicht uns aber, tatsächliches Verhalten besser zu verstehen und zu antizipieren.

Grundsätzlich darf außerdem nicht vergessen werden, dass es sich auch bei verhaltensökonomischen Modellen nur um stark vereinfachte Abbildungen der Realität handelt und dass es oft eine Vielzahl von Effekten gibt, die durchaus auch geeignet wären, diametral unterschiedliches Verhalten zu erklären. Viele Risiken sowie die menschliche Psyche und auch die damit verbundenen Entscheidungsprozesse sind sehr komplex und sowohl von Mensch zu Mensch als auch von Situation zu Situation verschieden. Auch deshalb lassen verhaltensökonomische Modelle dem Anwender oftmals eine Vielzahl von Ausgestaltungsmöglichkeiten und Modifikationen offen, beispielsweise in der konkreten Berücksichtigung der Übergewichtung von Verlusten (Verlustaversion): Wie bereits beschrieben, zeigen empirische und experimentelle Untersuchungen, dass in vielen Fällen ein Faktor von ungefähr zwei im Verhältnis zu Gewinnen realistisch ist. Allerdings stellt sich zum Beispiel im Hinblick auf die Altersvorsorge die Frage, welchen Einfluss zwischenzeitliche Verluste auf den subjektiven Nutzen einer Anlage haben und ob diese zumindest gefühlt nur auf dem Papier vorhandenen Verluste genauso zu berücksichtigen sind wie tatsächlich realisierte Verluste am Ende der Laufzeit. Diese und andere Fragen zu beantworten, ist von nicht zu unterschätzender Bedeutung. Denn nur wenn wir die Einflussgrößen zumindest annähernd kennen und korrekt einschätzen können, lassen sich mit

A. Richter et al., *Moderne Verhaltensökonomie in der Versicherungswirtschaft*, essentials, https://doi.org/10.1007/978-3-658-19841-1_5

Hilfe von verhaltensökonomischen Modellen auch aussagekräftige Ergebnisse erzielen. Daher wird es im Hinblick auf die Anwendung verhaltensökonomischer Modelle auch in Zukunft weiterhin extrem wichtig sein, dass empirische und experimentelle Untersuchungen weitere Aufschlüsse über Verhaltensmuster und ihre Auswirkungen in verschiedenen Situationen liefern.

In der Versicherungspraxis werden die hier kurz und stellvertretend für einen breiten Strauß wissenschaftlicher Erkenntnisse vorgestellten Ergebnisse bislang allenfalls ansatzweise genutzt. Wir haben gesehen, dass es zahlreiche wichtige Anwendungen im Versicherungskontext gibt. Für die Versicherer liefert die verhaltenswissenschaftliche Forschung einerseits gute Ansatzpunkte für passgenaue Produktgestaltung (vereinfacht gesagt: Produkte entwickeln, die der Kunde will). Weit darüber hinausgehend kann sie außerdem helfen, die Präsentation bestimmter Deckungen für Kunden attraktiver und die Kundenansprache effizienter zu gestalten und vielleicht insbesondere Fehleinschätzungen wichtiger Deckungen besser zu adressieren (vereinfacht dargestellt: dem Kunden dabei helfen, dass er das will, was er braucht). Dies ist aus gesellschaftlicher Sicht bedeutsam, weil hier dazu beigetragen werden kann, gesamtwirtschaftliche Probleme wie das der drohenden Altersarmut besser in den Griff zu bekommen.

Es überrascht nicht, dass vor diesem Hintergrund verhaltensökonomische Erkenntnisse auch im Zusammenhang der Regulierung von Versicherungsmärkten in den Fokus gelangen.[1] Hier wird insbesondere auch der Begriff des sogenannten Nudging thematisiert, den Thaler und Sunstein definieren als Aspekte der Entscheidungsarchitektur, die das Verhalten von Menschen in vorhersehbarer Weise beeinflussen, ohne Handlungsalternativen zu verbieten oder die ökonomischen Anreize deutlich zu verändern. Als Beispiele führen sie die Präsentation von Früchten auf Augenhöhen (zum Beispiel in einer Kantine) an und stellen als Gegenbeispiel, also für eine Maßnahme, die kein Nudging darstellt, das Verbot von Junk Food gegenüber (Thaler und Sunstein 2008, S. 6).

Im Versicherungskontext ginge es also darum, durch entsprechende Ausgestaltung der Entscheidungsarchitektur, zum Beispiel hinsichtlich der Anordnung von Informationen oder der Definition von Default-Lösungen, den Versicherungsnehmer zu bestimmten – für ihn sinnvollen – Entscheidungen zu bewegen.

[1] So heißt es zum Beispiel in einem EIOPA Consultation Paper (EIOPA-CP-15/006 03.07.2015.): „When dealing with complexity, risk and/or incomplete information, people will take the path of least resistance, display inertia and use simple rules of thumb or mental shortcuts, also called "heuristics", to inform their decision-making. In the context of pension and investment decisions, they will often rely on readily available information and attempt to impose some order or structure, using reference points or "anchors" which tend to be arbitrary and strongly influenced by starting values, e.g. rely on past fund performance …"

Dies verdeutlicht aber auch direkt die Gefahren einer solchen Entwicklung in der Regulierung: Denn offenbar benötigt man eine klare Vorstellung, welche Entscheidungen anzustreben sind. Dies setzt in vielen Fällen ein recht paternalistisches Verständnis von Regulierung voraus. Ferner sind Eingriffe gemäß der Vorstellung „one size fits all" problematisch, da verschiedene Versicherungsnehmer naturgemäß unterschiedliche Bedürfnisse haben. Auch scheint es problematisch, die Entscheidungen darüber, welche Lösungen die vermeintlich besten für die potenziellen Versicherungsnehmer sind, unangemessen auf dezentrale Stellen zu verlagern.

So wichtig es ist, mithilfe der Verhaltensökonomie die Entscheidungen von Versicherungsnehmern besser einschätzen und erklären und ggf. auch beeinflussen zu können und hieraus für Produktgestaltung, Produktpräsentation und Kommunikation zu lernen, so zurückhaltend sollte der Regulierer im Hinblick auf Markteingriffe auf dieser Basis agieren. Nur in Bereichen, in denen ein breiter Konsens oder ein klarer politischer Wille hinsichtlich des anzustrebenden Verhaltens besteht, erscheint dieser Weg geeignet.

Was Sie aus diesem *essential* mitnehmen können

- Einen Überblick über Erkenntnisse der verhaltenswissenschaftlichen Forschung und deren Anwendbarkeit auf versicherungswirtschaftliche Fragestellungen
- Ein besseres Verständnis für Kundenwünsche, Kundenbedürfnisse und Nachfrageentscheidungen von Versicherungsnehmern
- Ansatzpunkte für bedarfsgerechte Produktgestaltung und Produkterläuterung

A. Richter et al., *Moderne Verhaltensökonomie in der Versicherungswirtschaft*, essentials, https://doi.org/10.1007/978-3-658-19841-1

Literatur

Allais, M. (1953). La psychologie de l'homme rationnel devant le risque: la théorie et l'expérience. *Journal de la Société de Statistique de Paris, 94,* 47–73.
Ariely, D., Loewenstein, G., & Prelec, D. (2003). "Coherent arbitrariness": Stable demand curves without stable preferences. *Quarterly Journal of Economics, 118*(1), 73–106.
Aseervatham, V., Jaspersen, G., & Richter, A. (2015). The affection effect in an incentive compatible insurance demand experiment. *Economics Letters, 131,* 34–37.
Barberis, N. C. (2013). Thirty years of prospect theory in economics: A review and assessment. *The Journal of Economic Perspectives, 27*(1), 173–195.
Barseghyan, L., Molinari, F., O'Donoghue, T., & Teitelbaum, J. C. (2013). The nature of risk preferences: Evidence from insurance choices. *American Economic Review, 103*(6), 2499–2529.
Benartzi, S., & Thaler, R. H. (1995). Myopic loss aversion and the equity premium puzzle. *The Quarterly Journal of Economics, 110*(1), 75–92.
Benartzi, S., Previtero, A., & Thaler, R. H. (2011). Annuitization puzzles. *The Journal of Economic Perspectives, 25*(4), 143–164.
Ben-David, I., Graham, J. R., & Harvey, C. R. (2013). Managerial miscalibration. *The Quarterly Journal of Economics, 128*(4), 1547–1584.
Boles, J., Davydov, Y., & Volkman-Wise, J. (2014). *CEO overconfidence, corporate governance, and the demand for directors and officers insurance.* Working paper.
Brown, J. B., Kling, J. R., Mullainathan, S., & Wrobel, M. V. (2008). Why don't people insure late-life consumption? A framing explanation of the under-annuitization puzzle. *American Economic Review, 98*(2), 304–309.
Brown, J. D. (1986). Evaluations of self and others: Self-enhancement biases in social judgments. *Social Cognition, 4*(4), 353–376.
Browne, M. J., Knoller, C., & Richter, A. (2015). Behavioral bias and the demand for bicycle and flood insurance. *Journal of Risk and Uncertainty, 50*(2), 141–160.
Choi, J. J., Laibson, D., Madrian, B. C., & Metrick, A. (2004). For better or for worse: Default effects and 401 (k) savings behavior. In D. A. Wise (Hrsg.), *Perspectives on the economics of aging* (S. 81–126). Chicago: University of Chicago Press.
Cronqvist, H., & Thaler, R. H. (2004). Design choices in privatized social-security systems: Learning from the Swedish experience. *American Economic Review, 94*(2), 424–428.

A. Richter et al., *Moderne Verhaltensökonomie in der Versicherungswirtschaft,* essentials, https://doi.org/10.1007/978-3-658-19841-1

Ebert, S., Koos, B., & Schneider, J. C. (2012). *On the optimal type and level of guarantees for prospect theory investors*. Paris December 2012 Finance Meeting EUROFIDAI-AFFI Paper.

Frederick, S., Loewenstein, G., & O'Donoghue, T. (2002). Time discounting and time preference: A critical review. *Journal of Economic Literature, 40*(2), 351–401.

Glaser, M., & Weber, M. (2007). Overconfidence and trading volume. *The Geneva Risk and Insurance Review, 32*(1), 1–36.

Glenzer, F., Gründl, H., & Wilde, C. (2014). 'And lead us not into temptation': Presentation formats and the choice of risky alternatives. Available at SSRN 2455861.

Gottlieb, D. (2012). *Prospect theory, life insurance, and annuities*. The Wharton School Research Paper (No. 44). Philadelphia: University of Pennsylvania.

Graf, S. (2017). Life-cycle funds: Much ado about nothing? *The European Journal of Finance, 23*(11), 974–998.

Graf, S., Ruß, J., & Schelling, S. (2017). *As you like it: Explaining the demand for life-cycle funds with multi cumulative prospect theory.* Working paper.

Green, L., Fristoe, N., & Myerson, J. (1994). Temporal discounting and preference reversals in choice between delayed outcomes. *Psychonomic Bulletin & Review, 1*(3), 383–389.

Güth, W., Schmittberger, R., & Schwarze, B. (1982). An experimental analysis of ultimatum bargaining. *Journal of Economic Behavior & Organization, 3*(4), 367–388.

Hirshleifer, D. & Shumway, T. (2003). Good day sunshine: Stock returns and the weather. *Journal of Finance, 58*(3), 1009–1032.

Hsee, C. K., & Kunreuther, H. C. (2000). The affection effect in insurance decisions. *Journal of Risk and Uncertainty, 20,* 141–159.

Hu, W. Y., & Scott, J. S. (2007). Behavioral obstacles in the annuity market. *Financial Analysts Journal, 63*(6), 71–82.

Jaspersen, J. G. (2015). Hypothetical surveys and experimental studies of insurance demand: A review. *Journal of Risk and Insurance, 83*(1), 217–255.

Jaspersen, J. G., & Aseervatham, V. (2016). The influence of affect on heuristic thinking in insurance demand. *Journal of Risk and Insurance, 84*(1), 239–266.

Johnson, D. D., & Fowler, J. H. (2011). The evolution of overconfidence. *Nature, 477*(7364), 317–320.

Johnson, E. J., & Goldstein, D. (2003). Medicine. Do defaults save lives? *Science, 302*(5649), 1338–1339.

Johnson, E. J., Hershey, J., Meszaros, J., & Kunreuther, H. (1993). Framing, probability distortions, and insurance decisions. *Journal of Risk and Uncertainty, 7*(1), 35–51.

Kahneman, D. (2011). *Thinking, fast and slow*. New York: Macmillan.

Kahneman, D., & Tversky, A. (1979). Prospect theory: An analysis of decision under risk. *Econometrica, 47*(2), 263–291.

Kahneman, D., & Tversky, A. (1984). Choices, values, and frames. *American Psychologist, 39*(4), 341–350.

Kahneman, D., Knetsch, J. L., & Thaler, R. H. (1990). Experimental tests of the endowment effect and the Coase theorem. *Journal of Political Economy, 98*(6), 1325–1348.

Kirby, K. N., & Herrnstein, R. J. (1995). Preference reversals due to myopic discounting of delayed reward. *Psychological Science, 6*(2), 83–89.

Knoller, C. (2016). Multiple reference points and the demand for principal-protected life annuities: An experimental analysis. *Journal of Risk and Insurance, 83*(1), 217–255.

Kruger, J., & Dunning, D. (1999). Unskilled and unaware of it: How difficulties in recognizing one's own incompetence lead to inflated self-assessments. *Journal of Personality and Social Psychology, 77*(6), 1121–1134.

Kunreuther, H., & Pauly, M. (2004). Neglecting disaster: Why don't people insure against large losses? *Journal of Risk and Uncertainty, 28*(1), 5–21.

Lichtenstein, S., Slovic, P., Fischhoff, B., Layman, M., & Combs, B. (1978). Judged frequency of lethal events. *Journal of Experimental Psychology: Human Learning and Memory, 4*(6), 370–378.

Markowitz, H. (1952). The utility of wealth. *The Journal of Political Economy, 60,* 151–158.

Nowak, M. A., Page, K. M., & Sigmund, K. (2000). Fairness versus reason in the ultimatum game. *Science, 289*(5485), 1773–1775.

Oeppen, J., & Vaupel, J. W. (2002). Broken limits to life expectancy. *Science, 296*(5570), 1029–1031.

Ruß, J., & Schelling, S. (2017). Multi cumulative prospect theory and the demand for cliquet-style guarantees. *Journal of Risk and Insurance.* https://doi.org/10.1111/jori.12195.

Sandman, P. M. (1987). Risk communication: Facing public outrage. *EPA Journal, 13,* 21–22.

Schelling, T. C. (1984). *Choice and consequence.* Cambridge: Harvard University Press.

Skinner, B. F. (1948). 'Superstition' in the pigeon. *Journal of Experimental Psychology, 38*(2), 168–272.

Slovic, P., Fischhoff, B., Lichtenstein, S., Corrigan, B., & Combs, B. (1977). Preference for insuring against probable small losses: Insurance implications. *Journal of Risk and Insurance, 44*(2), 237–258.

Slovic, P., Fischhoff, B., & Lichtenstein, S. (1987). Behavioral decision theory perspectives on protective behavior. In N. D. Weinstein (Hrsg.), *Taking care: Understanding and encouraging self-protected behaviour* (S. 14–41). New York: Cambridge University Press.

Svenson, O. (1981). Are we all less risky and more skillful than our fellow drivers? *Acta Psychologica, 47*(2), 143–148.

Sydnor, J. (2010). (Over)insuring modest risks. *American Economic Journal: Applied Economics, 2*(4), 177–199.

Thaler, R. (1980). Toward a positive theory of consumer choice. *Journal of Economic Behavior & Organization, 1*(1), 39–60.

Thaler, R. (1981). Some empirical evidence on dynamic inconsistency. *Economics Letters, 8*(3), 201–207.

Thaler, R. H., & Sunstein, C. (2008). *Nudge: Improving decisions about health, wealth, and happiness.* New Haven: Yale University Press.

Tversky, A., & Kahneman, D. (1973). Availability: A heuristic for judging frequency and probability. *Cognitive Psychology, 5*(2), 207–232.

Tversky, A., & Kahneman, D. (1992). Advances in prospect theory: Cumulative representation of uncertainty. *Journal of Risk and Uncertainty, 5*(4), 297–323.

Yaari, M. (1965). Uncertain lifetime, life insurance, and the theory of the consumer. *Review of Economic Studies, 32*(2), 137–150.